Jan Tröster

"The Military Revolution in Sixteenth-Century Europe" von David Eltis

Literaturbericht - Rezension

GRIN Verlag

Bibliografische Information der Deutschen Nationalbibliothek:

Die Deutsche Bibliothek verzeichnet diese Publikation in der Deutschen National-bibliografie; detaillierte bibliografische Daten sind im Internet über http://dnb.d-nb.de/ abrufbar.

Impressum:

Copyright © 2009 GRIN Verlag GmbH
Druck und Bindung: Books on Demand GmbH, Norderstedt Germany
ISBN: 978-3-656-40151-3

Dieses Buch bei GRIN:

http://www.grin.com/de/e-book/133198/the-military-revolution-in-sixteenth-century-europe-von-david-eltis

GRIN - Your knowledge has value

Der GRIN Verlag publiziert seit 1998 wissenschaftliche Arbeiten von Studenten, Hochschullehrern und anderen Akademikern als eBook und gedrucktes Buch. Die Verlagswebsite www.grin.com ist die ideale Plattform zur Veröffentlichung von Hausarbeiten, Abschlussarbeiten, wissenschaftlichen Aufsätzen, Dissertationen und Fachbüchern.

Besuchen Sie uns im Internet:

http://www.grin.com/

http://www.facebook.com/grincom

http://www.twitter.com/grin_com

Helmut-Schmidt-Universität / Universität der Bundeswehr Hamburg

Fachbereich für Internationale Politik

Seminar: Diplomatie und Krieg im Europa der Frühen Neuzeit

Literaturbericht

David Eltis – „The Military Revolution in Sixteenth-Century Europe"

Vorgelegt von:

Jan Tröster

StJg Politikwissenschaften 2006

Inhaltsverzeichnis

1. Einleitung

David Eltis ist Geschichtsprofessor der Emory Universität und beschäftigt sich schwerpunktmäßig mit den Themengebieten der frühmodernen atlantischen Welt sowie Sklaverei und Migration. Als seine renommiertesten Werke werden die Publikationen „Economic Growth and The Ending of the Transatlantic Slave Trade" und „The Rise of African Slavery in the Americas" gesehen. [1] Fernab dieser Forschungsfelder betrachtet er in seinem Buch „The Military Revolution In Sixteenth-Century Europe" eine Zeit der drastischen Veränderungen im europäischen Militärwesen. Das 175 Seiten starke Buch ist erstmals im Jahr 1995 in New York von I.B. Tauris & Co. Ltd verlegt worden. In Fachkreisen gilt dieses Werk als wesentlicher Beitrag zur Debatte über militärische Veränderungen im frühzeitlichen Europa.

Im Folgenden werde ich dieses Buch aus der Sicht eines Politikwissenschaftlers rezensieren. Ich folge bei der Gliederung grob der im Buch vorgegebenen Kapitel.

2. Militärische Revolution aus der Sicht der Historiker

In den Augen von David Eltis ist das 16. Jahrhundert eine Zeit von grassierenden Veränderungen im Bereich des Militärwesens. Obwohl, wie man später feststellen wird der überwiegende Teil an Veränderungen auf dem europäischen Festland begonnen hat, erklärt Eltis die Absicht seinen Fokus auf die Veränderungen in England zu legen. Ein Grund dafür ist die nach 1604 eingetretene Friedensphase nach dem Krieg gegen Spanien.

Der Autor grenzt sein Werk zunächst von zwei weiteren Autoren und deren Werken zur militärischen Revolution ab. Das eine ist 1956 in Belfast unter dem Titel „The Military Revolution 1560-1660" von Michael Roberts erschienen. Das andere Werk wurde 1988 von Geoffrey Parker unter dem Namen „The military

---

[1] Department of History: http://www.history.emory.edu/Faculty/eltis.html, Stand: 06.04.2009.

revolution. Military innovation and the rise of the West 1500-1800" als alternative Betrachtung von Roberts Werk veröffentlicht.

Roberts Hauptargumente waren, dass der herkömmliche Langbogen den aufkommenden Feuerwaffen lange überlegen war und die neue Technologie der Handfeuerwaffen der Kavallerie ihrer Offensivkraft beraubt hat. Er geht sogar soweit, dass er die eigentliche militärische Revolution in der Zeit des 30 Jähriges Krieges sieht, als der Schwedenkönig Gustav Adolf die Schlagkraft der berittenen Truppen durch die Ausrüstung mit Schwertern wiederhergestellt hatte.[2]

Eltis demontiert zunächst Roberts' Argumentation, indem er die Waffensysteme der damaligen Zeit vergleicht. Er kommt zu dem Schluss, dass der Bogen im Vergleich mit der in England häufig verwendeten Armbrust und der auf dem kontinentalen Europa aufkommenden Feuerwaffen am schlechtesten abscheidet. Als Grund führt er zum einen die mangelhafte Durchschlagskraft und die Verbesserung der Rüstungen an. Die aufkommenden Schießpulverwaffen, wie die Hakenbüchse und später die Muskete wiesen zwar Nachteile wie Wetteranfälligkeit und niedrige Feuerrate auf, aber die große Durchschlagskraft sowie die psychologische Wirkung wogen diese Mängel auf. Eltis argumentiert sogar so weit, dass sich durch diese neue Waffentechnologie die Kriegsführung schlagartig geändert hatte. Der drohende Verlust der eigenen Truppe durch gegnerisches Feuer führte eher zu Stellungskriegen, wo Entscheidungen nur durch Aushungern, Wettereinflüsse, Versorgungslage oder durch Ausnutzen von Überraschungsmomenten wie Angriffe auf Marschformationen errungen werden konnten.[3]

Auch der verminderten Schlagkraft der Kavallerie stimmt Eltis nicht zu. Dessen Kampfwert wurde seiner Meinung nach durch den Einsatz von Pistolen sogar noch verstärkt, wobei der Einsatz der berittenen Kräfte aufgrund des zunehmenden Einsatzes von schlagkräftigen Infanterieformationen stark zurückging.

Geoffreys' Hauptargumentation beruht eher auf neuartigen Befestigungsanlagen und der durch die Verbreitung des Schießpulvers

---

[2] Diese Argumentation findet sich in Roberts' Werk „*Gustavus Adolphus. A History of Sweden 1611-32*".
[3] Eltis, David: The Military Revolution In Sixteenth-Century Europe", S. 11 ff.

resultierenden Feuerkraft, insbesondere im Bereich der Artillerie. Dem stimmt Eltis auch zu wobei er Kritik an der Zeitspanne von Parkers' Betrachtungsweise übt. Ferner ergänzt er seine Ansichten, indem er die zeitlich früher eintretende Bedeutung der Artillerie sowie die Zweckerfüllung der modernisierten Befestigungsanlagen älterer Bauweise herausstellt. Nachdem er zahlreiche Ansätze der anderen beiden Autoren ergänzt beziehungsweise negiert hat, stellt Eltis jedoch den Anspruch an das eigene Werk, eine neue Betrachtungsweise zu liefern, was in den Folgekapiteln deutlich wird.

3. Veränderungen in Ausrüstung, Taktik und Ausbildung

Die größte und maßgeblichste Veränderung im Militär zur damaligen Zeit sieht Eltis in der Verbreitung der Schießpulverwaffen. Diese ermöglichten es in kurzer Zeit dem Gegner enorme Verluste zuzufügen. Einhergehend mit der Modernisierung der Armeen kombinierte man die neue Technologie auch mit etablierten Waffensystemen und neuen Taktiken. So setzte sich rasch die schweizerische „pike square"-Formation durch. Dies war eine aus Lanzenträgern bestehende viereckige Formation, welche in alle Richtungen wirken konnte und auch Kavallerieangriffen standhalten konnte. Ferner konnte man diese Formation offensiv gegen berittene Kräfte einsetzen und sogar Schießpulvereinheiten innerhalb der Lanzenformation positionieren. Dieses neugeschaffene Element revolutionierte die herkömmliche Schlachtführung und sorgte für den Durchbruch der Infanterie als Hauptkampfelement.[4] Eltis sieht gerade hier den Grund für den Rückgang der Kavallerie, welche dadurch an Bedeutung verlor. Dennoch gewann sie aufgrund von taktischen Weiterentwicklungen, Bewaffnung mit Pistolen und Verbesserung der Panzerung an Kampfkraft.

Der zunehmende Einsatz von Infanterieformationen, welche oft tausende Soldaten umfasste führte wiederum zu weiteren Neuerungen. Allen voran das

---

[4] Vgl. Eltis: S. 43 ff.

Training „*en masse*"[5]. Nur wenn diese großen Formationen die Bewegungen auf dem Schlachtfeld beherrschten konnte der Erfolg gewährleistet werden. Ein Aufbrechen der Linie bot der erstarkten Kavallerie die Reihen zu sprengen und den Sieg davonzutragen.

Die Führung der massiven Infanterieansammlungen konnte darüber hinaus nur durch zwei weitere Neuerungen erfolgen. So entwickelte sich parallel eine einheitliche Kommandosprache und eine Militärhierarchie.

Die Führer der Einheiten waren wenige Jahre nach Entstehung maßgeblich an der Erstellung von Handbüchern für Ausbildung und Einsatz beteiligt. Diese Kriegsliteratur galt ebenso als Neuerung im frühneuzeitlichen Europa, ohne die eine einheitliche Ausbildung und Führung der Kräfte nicht möglich gewesen wäre.

4. Der Belagerungskrieg und einhergehende Veränderungen

Eine weitere Entwicklung im Bereich des Militärs lag im Bereich des Festungswesens und der damit verbundenen Belagerungskriegführung.

Italienische Ingenieure reagierten auf die zunehmende Zerstörungskraft der Kanonen und entwickelten neuartige Befestigungsanlagen. Hauptmerkmal waren dicke und zugleich niedrige Wälle, welche aus der Vogelperspektive betrachtet verwinkelt angelegt waren. Dadurch wurden zwei Dinge erreicht: Die Widerstandskraft der Mauern wurde drastisch erhöht und die Feuerbereiche der Verteidiger wiesen nahezu keine Lücken auf, sodass eine gedeckte Annäherung der Belagerer kaum möglich war. Laut Eltis wertete diese Neuerung die Wirkung der Artillerie noch weiter auf. Zusätzlich zur ohnehin schon gesteigerten Durchschlagskraft dieser Systeme ermöglichte der neue Festungsbau die sichere Positionierung von Verteidigungsgeschützen auf den Mauern.

Die verwinkelte Bauweise der Bastionen erschwerte einen Angriff umso mehr. So musste der Belagerer nunmehr drei Breschen nebeneinander erzeugen um

---

[5] Vgl. ebd.: S. 51.

zu vermeiden, dass durchbrechende Truppenteile flankierend durch die Verteidiger beschossen wurden.

Ferner bestand bei einem Angriff dieser Art auch die Möglichkeit, seine Truppen mittels Gräben dem Verteidigungsfeuer zu entziehen oder von erhöhten Positionen aus die Mauern mit Feuer zu belegen.

David Eltis zieht hier ein eindeutiges Resümee: Der Angriff auf derartige Befestigungsanlagen war eines der aufwendigsten Unternehmen der damaligen Zeit. Zum einen war die Menge an Munition, ergo die Größe des Belagerungstrosses enorm hoch. Quellen der damaligen Zeit sprechen allein von bis zu 15.000 benötigten Kanonenkugeln, welche für einen angriffsfähigen Durchbruch nötig waren.[6]

Zum anderen erforderte eine derartige Belagerung einen großen Personalaufwand. Neben den benötigten Spezialisten wie zum Beispiel den Pionieren, welche für Gräben und Minen gebraucht wurden, musste selbst nach Schlagen der Bresche mit enormen Verlusten nach dem Eindringen in die Festungen gerechnet werden. Sichelartig angelegte Verteidigungsgräben hinter den Mauern, bemannt mit Musketenschützen machten einen Durchbruch fast unmöglich. Die erfolgversprechendste Taktik war neben der Bestechung von Garnisonskommandeuren oft nur die langwierige Belagerung des Ziels. Hier bestand jedoch die Gefahr, dass die eigene Versorgung nicht sichergestellt werden konnte, oder dass Verbündete des Gegners im Rücken des Belagerers agierten und so zum Abbruch der Belagerung zwangen

.

5. Betrachtung der englischen Militärentwicklung

Im letzen Kapitel vor der Zusammenfassung geht David Eltis explizit auf die Entwicklung des englischen Militärs im 16. Jahrhunderts ein. Hier skizziert er zunächst ein sehr düsteres Bild der damaligen Situation. Die langen Friedensphasen zwischen 1485 und 1585, die Abwesenheit einer drohenden Invasion und das Vertrauen in bewährte Waffensysteme wie dem Langbogen führten zu einem äußert schlecht ausgerüsteten und unzureichend trainiertem

---

[6] Vgl. Eltis: S. 82.

Militär. So gab es bis ins späte 16. Jahrhundert fast keine waffentechnische Veränderung, obwohl zur gleichen Zeit die militärische Revolution auf dem europäischen Kontinent beinahe vollendet war.

Diese Rückständigkeit spiegelte sich auch im Bereich der Ausbildung wieder. Neben dem kleinen stehenden Heer gab es ein System aus Milizen. Zwar teilte eine Reform die Milizen in einen gut und einen schlecht ausgerüsteten Teil, doch mangelte es weiterhin an erfahrenen Ausbildern, einheitlichen Trainingshandbüchern oder gar militärtheoretischen Schriften.

Die erwähnte Veränderung der Kriegsführung machte eine Umstrukturierung aber dringend nötig. Letztlich führte dies England in die Abhängigkeit von ausländischen Spezialisten gerade im Bereich der Belagerungsszenarien. Trotz der Hilfe von außen musste England auf dem Kontinent etliche Rückschläge hinnehmen und erst nach dem Krieg gegen Spanien 1604 setzte ein Umdenken ein.[7]

---

[7] Vgl. Eltis: S. 100-122.

6. Fazit

David Eltis hat mit diesem Buch kurz und prägnant begründet, warum er die militärische Revolution in das 16. Jahrhundert anberaumt. Seine Ausführungen wirken auch für Nicht-Historiker verständlich und leicht nachzuvollziehen. Seine Argumentationen stützt er stets auf historische Tatsachen und unterlegt diese meist mit Beispielen bekannter Schlachten. Seine gewählte Gliederung schafft dem Leser zunächst eine Verständnisbasis über den vorliegenden Themenbereich und leitet dann geschickt in den eigentlichen argumentativen Bereich über.

Das sprachliche Niveau ist selbst für einen Politikwissenschaftler, der den Umgang mit englischsprachiger Literatur gewohnt ist verhältnismäßig hoch. Insbesondere militärhistorische Fachbegriffe stellen sich schnell als Stolpersteine heraus.

Obwohl David Eltis viele seiner Argumente versucht anschaulich zu erklären, so bedarf es beim Leser dennoch einem gewissen Grundverständnis in frühneuzeitlicher Kriegsführung und Geschichte. Für Laien auf diesen Gebieten könnte der Aufbau eines Gesamtbildes durchaus schwierig sein.

David Eltis gelingt es in diesem Buch sehr präzise seine Argumente vorzubringen, bevor er in einem knappen Fazit seinen Gedanken nochmals sammelt. Hilfreich für diejenigen, welche sich vertiefend mit der Materie befassen wollen, ist der als letztes Kapitel bezeichnete „bibliographical essay". Hier führt er sämtliche weiterführenden Werke auf, aus welchen er seine Erkenntnisse gezogen hat.

Alles in Allem ein sehr lesenswertes Werk zu diesem Thema.